eビジネス新書

No.424

週刊東洋経済

物流ドライバーが消える日

JN037889

2023年
中小企業で
残業代の規制

2024年
残業規制の適用

2027年
ドライバー
24万人不足

2030年
物流の
供給不足
36%!!

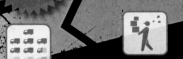

週刊東洋経済 eビジネス新書 No.424

物流ドライバーが消える日

本書は、東洋経済新報社刊『週刊東洋経済』2022年5月21日号より抜粋、加筆修正のうえ制作しています。情報は底本編集当時のものです。(標準読了時間 90分)

物流ドライバーが消える日　目次

〔プロローグ〕基本給はわずか7・5万円

ドライバー定額働かせ放題の実情

2年前まで長距離ドライバーだったAさん（40代男性）は、合計10年以上トラックドライバーとして働いてきた。現在は近距離ドライバーだが、数年ほど在籍した関東の中小運送会社では、主に関東と関西を往復する長距離輸送に携わってきた。

そこでのAさんの勤務時間は不規則だった。早朝から荷物を積み込み出発することもあれば、夕方に出勤して深夜の高速道路を走ることも珍しくはない。Aさんは「すべては荷主次第。荷主の指定する到着時間に合わせて、出勤時間が決められた」と話す。

関東−関西間の輸送はおよそ3日がかりの大仕事だ。例えば関東であれば埼玉県や東京都など、各エリア内の複数地点で集荷するため、走行距離は往復で1000キロメートルを超えていたという。

だが、その実態は想像以上に過酷なものだった。2018年6月、Aさんは5日間で2度長距離を往復した。

関東⇔関西の往復は日をまたぐ大仕事
実際にあった長距離ドライバーの業務

業務日
①6月18日
②19日 ③20日 ④21日 ⑤22日

(出所)取材を基に東洋経済作成

実は関東－中部の長距離輸送を終えた3日目の午前に、Aさんは1度退勤している。ところが、そのわずか30分後に再度出勤し、今度は関東－関西の長距離輸送を開始しているのだ。

このときの総労働時間は51時間。初めて休憩を取ったのは、業務を開始して約11時間が経過してからだ。休憩は高速道路のパーキングエリアやサービスエリアで取っており、1度の休憩が10時間を超えることも珍しくない。

Aさんは「渋滞に巻き込まれるリスクも想定し早めに移動していたが、指定時間より早く到着すると、荷主への迷惑になってしまう。だから、目的地に行きやすいパーキングエリアなどで休憩して時間を潰していた」と語る。

休憩時間といえども、業務から完全に解放されるわけではない。盗難などの被害を避けるため、荷物を積んだトラックからあまり離れられないからだ。休憩中はパーキングエリアなどにトラックを止め、車内で眠ることも多かったという。「頭の片隅に荷主の指定時間があるので、休憩中も気は休まらず熟睡できない」（Aさん）。

定額で長時間の過重労働

Aさんがつけた運行日誌を見ると、先の図に示した業務があった月には関東－関西を9往復していた。労働時間は月間で約268時間にも上り、パーキングエリアなどでの休憩時間も含めると拘束時間は410時間を超えていた。「基本的に1カ月に400〜500時間程度は拘束される」(同)。

厚生労働省は、過労死を引き起こしうる負荷要因として、①不規則な勤務、②拘束時間の長い勤務、③出張の多い業務、④交替制・深夜勤務、の4つを示している。これらの項目は、いずれもAさんの勤務実態に該当する。

実際、不規則かつ深夜の長時間労働がたたり、Aさんは現在も糖尿病を患っている。「これ以上は肉体的に限界だと感じ、長距離ドライバーを辞めた」(Aさん)。

こうした過重労働で得られるのが32・1万円の月給だった。Aさんは「寿命を犠牲にしていたが、割に合わない仕事だった。月給は30万円程度でほぼ横ばい。どれだけ働いても給与水準は上がらなかった」と嘆息する。

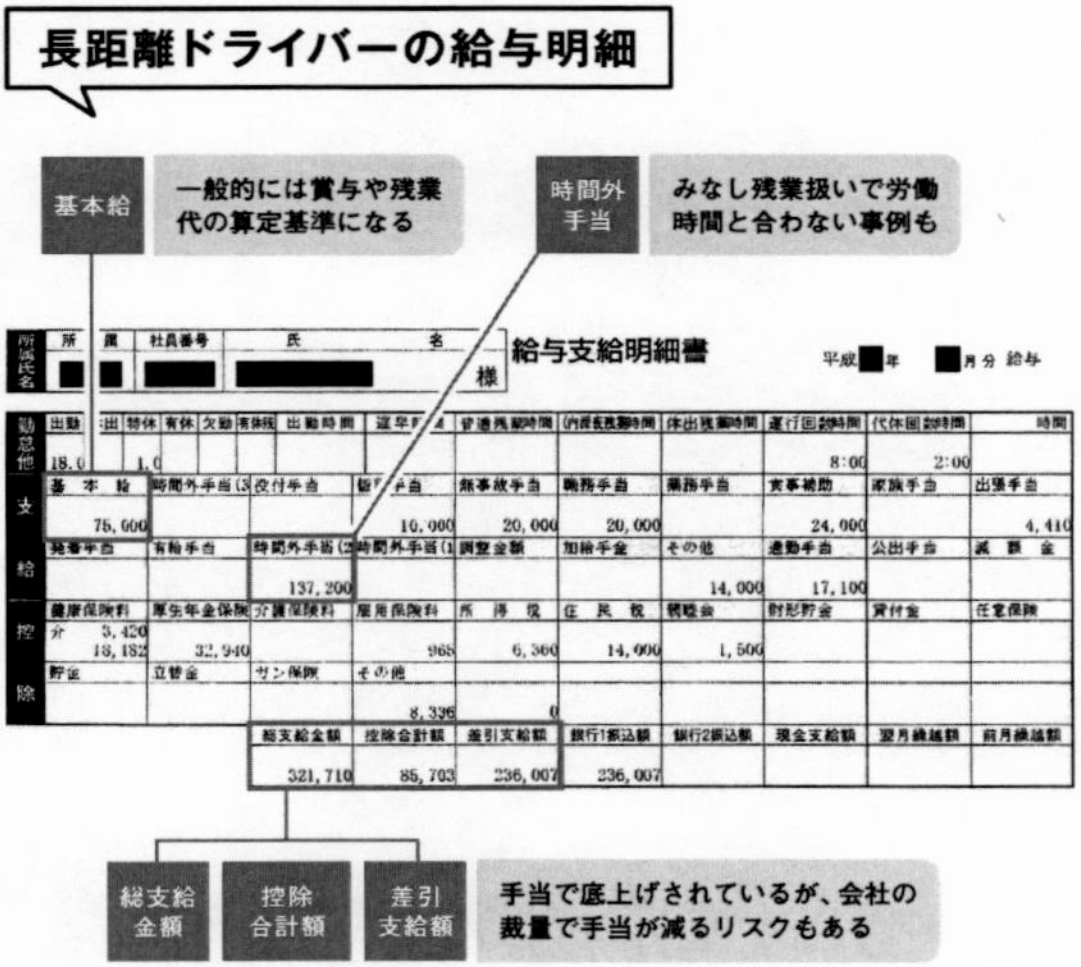

給与支給明細書　平成[redacted]年　[redacted]月分 給与

所属氏名	所	属	社員番号	氏　名
	[redacted]	[redacted]	[redacted]	[redacted] 様

勤怠他	出勤	出	特休	有休	欠勤	有休残	出勤時間	遅早時間	普通残業時間	(内深夜残業時間	休出残業時間	運行回数時間	代休回数時間	時間
	18.0		1.0									8:00	2:00	

支給	基本給	時間外手当(3	役付手当	皆勤手当	無事故手当	職務手当	乗務手当	食事補助	家族手当	出張手当
	75,000			10,000	20,000	20,000		24,000		4,410
	発着手当	有給手当	時間外手当(2	時間外手当(1	調整金額	加給手金	その他	通勤手当	公出手当	減額金
			137,200				14,000	17,100		
控除	健康保険料	厚生年金保険	介護保険料	雇用保険料	所得税	住民税	親睦会	財形貯金	貸付金	任意保険
	介 3,420 18,182	32,940		968	6,360	14,000	1,500			
	貯金	立替金	サン保険	その他						
				8,336	0					
			総支給金額	控除合計額	差引支給額	銀行1振込額	銀行2振込額	現金支給額	翌月繰越額	前月繰越額
			321,710	85,703	236,007	236,007				

中でも注目すべきは基本給だ。さまざまな手当が加算されることで給与は底上げされているが、基本給はわずか7万5000円。賞与も抑えられており、Aさんの年間賞与は15万円となった。これは決して特殊な事例ではない。大手物流企業の幹部は「基本給が7万~8万円程度というのは業界内では珍しくない」と認める。

個人でも加入できる労働組合のプレカリアートユニオンの清水直子委員長は「残業時間に見合った給与は支払われておらず、運送会社によるドライバーの定額働かせ放題が横行している」と語る。こうしたドライバーの劣悪な労働環境を是正すべく、厚労省は残業時間を規制するなど働き方改革を推進しようと動き出している。

だが、業界関係者は「残業規制だけでは不十分」と口をそろえる。その真意を知るべく、物流業界が置かれた瀬戸際の現状を見ていこう。

（佃　陸生）

【崩壊寸前の現場】ドライバーが定着しない現実

「今のままでは誰もドライバーになろうとは思わない。やがて物流の担い手がいなくなるだろう」。中堅物流企業の経営者は、深刻な面持ちでそう語る。

2020年度の運送業の就業者数は前年度比1・5％増加。有効求人倍率は約1・8倍と全職業平均よりも高い水準であり、依然として人手不足は続くものの、若干緩和されているようだ。

関東の中小運送会社の幹部は「コロナ禍の20年度は休業中の飲食店などから人材が流入し、ドライバーが採用しやすかった」と話す。一方、業界内では「新たに流入した人材があまり定着しなかった」という声が多く聞かれた。

運送会社の99%が
中小・小規模企業

規模別の貨物自動車運送事業者割合

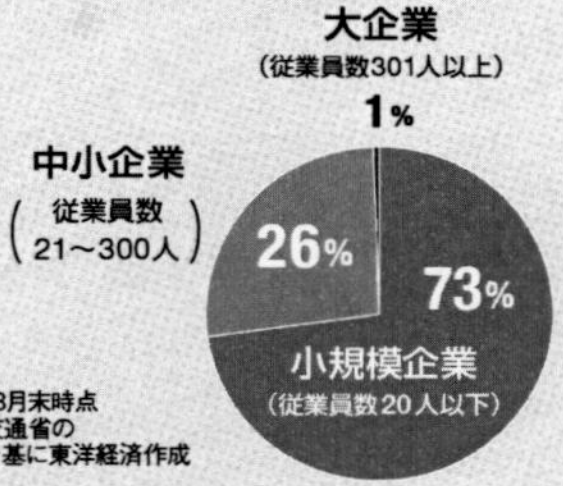

(注)2021年3月末時点
(出所)国土交通省の統計を基に東洋経済作成

コロナ禍で就業者は増えたが
人手不足が続く

運送業の有効求人倍率と就業者数の推移

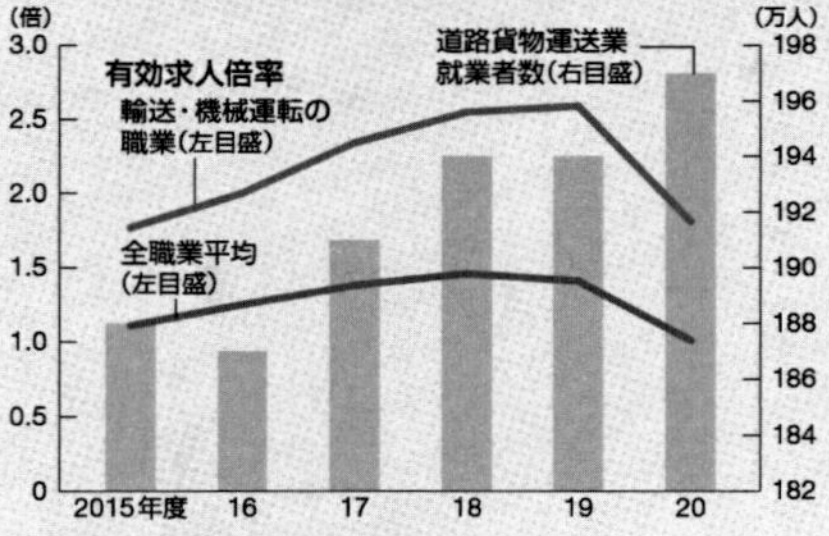

(出所)厚生労働省の統計を基に東洋経済作成

過当競争に陥っている

国内の運送会社は99％が中小・小規模企業であり、宅配大手や物流大手など元請けを頂点としたピラミッド構造の中で、無数の事業者がしのぎを削っている。複数の業界幹部は「事業者数が過剰になっており過当競争に陥っている」と口をそろえる。

背景にあるのが、1990年12月に施行された物流2法（貨物自動車運送事業法と貨物運送取扱事業法）だ。運送業が免許制から許可制に変わり、事業を始めるのに必要な最低車両台数も緩和された。これを機に新規参入する運送会社が相次ぎ、約30年で運送会社の事業者数は1・5倍にまで増加した。

物流ピラミッド
荷主
amazon.co.jp
ZOZO
TOYOTA
Rakuten
AEON
UNI QLO
元請け
路線トラック
ヤマトホールディングス
SGホールディングス
日本郵便
日本郵便
3PL（物流の一括受託）企業
倉庫企業
2次請け
3次請け
ドライバー

その結果、運賃のダンピングが横行するようになった。ある物流大手の幹部は「荷主もつねに足元を見て買いたたいてくる。もううんざりだ」と話す。

運賃ダンピングのシワ寄せはすべて末端のドライバーに行く。ピラミッド構造の下層に位置する中小運送会社が、低い運賃でも利益を出すには、ドライバーの給与を抑えるしかない。先に触れたようなドライバーの定額働かせ放題は、まさに過激化するダンピングの中で生じた中小運送会社の苦肉の策といえよう。

低賃金に加え、過重労働による労働災害が多いこともドライバーが定着しない原因の1つだ。厚生労働省によると、20年度の脳・心臓疾患の労災の請求件数が最も多かった業種は「道路貨物運送業」(118件)で、そのうち36件が死亡案件だ。「長時間労働なのに稼げないというつらい現実を目の当たりにしたせいか、ほとんどの新人ドライバーは1~3カ月程度で辞めてしまった」(下請け運送会社と契約する個人ドライバー)。

過酷な労働環境が敬遠され、若手ドライバーの確保は厳しくなる一方だ。厚労省によれば、21年度の運輸業・郵便業では、50代以上の就業者が全体の約46%を占めるのに対して、29歳以下の就業者はわずか12%にとどまる。

とりわけ深刻なのが長距離ドライバーの高齢化だ。中小運送会社の元長距離ドライバーは「周りは50代以上のベテランばかり。トラックを運転するやりがいと、現在の待遇でも仕方ないという諦めで、長距離輸送は何とか成り立っている」と話す。

迫り来る2024年問題

運輸業・郵便業は、建設業や製造業と比べて、労働時間が長い割に給与は低い。これらが是正されなければ、ドライバーのなり手がいなくなってしまう。

他業界より過酷な労働環境

運送ドライバーの給与は低い
—産業別月間現金給与総額の推移—

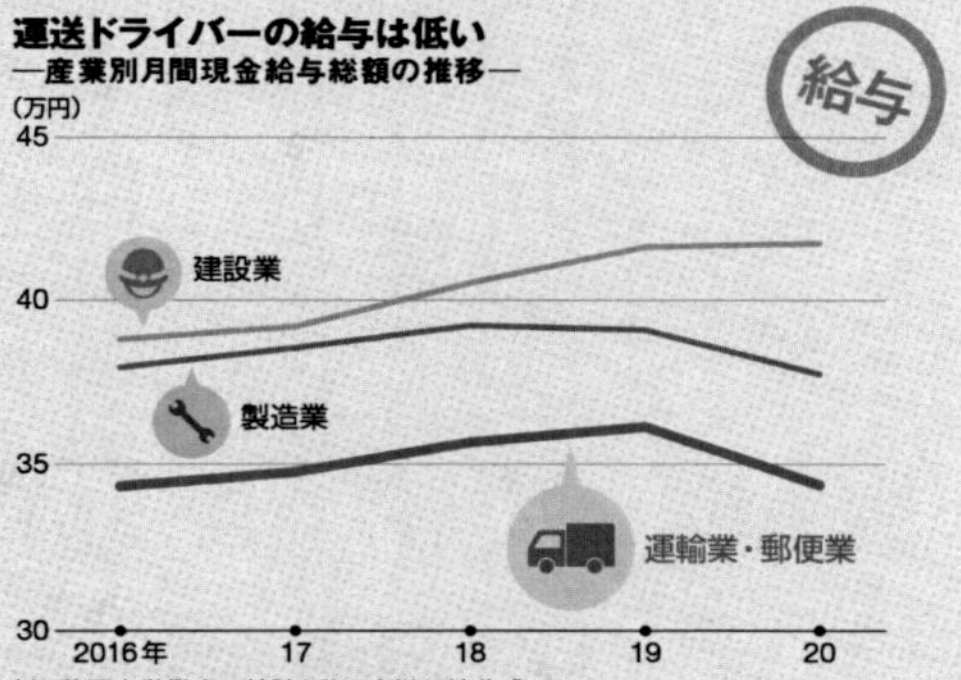

(出所)厚生労働省の統計を基に東洋経済作成

長時間労働が横行
—産業別の月間実労働時間の推移—

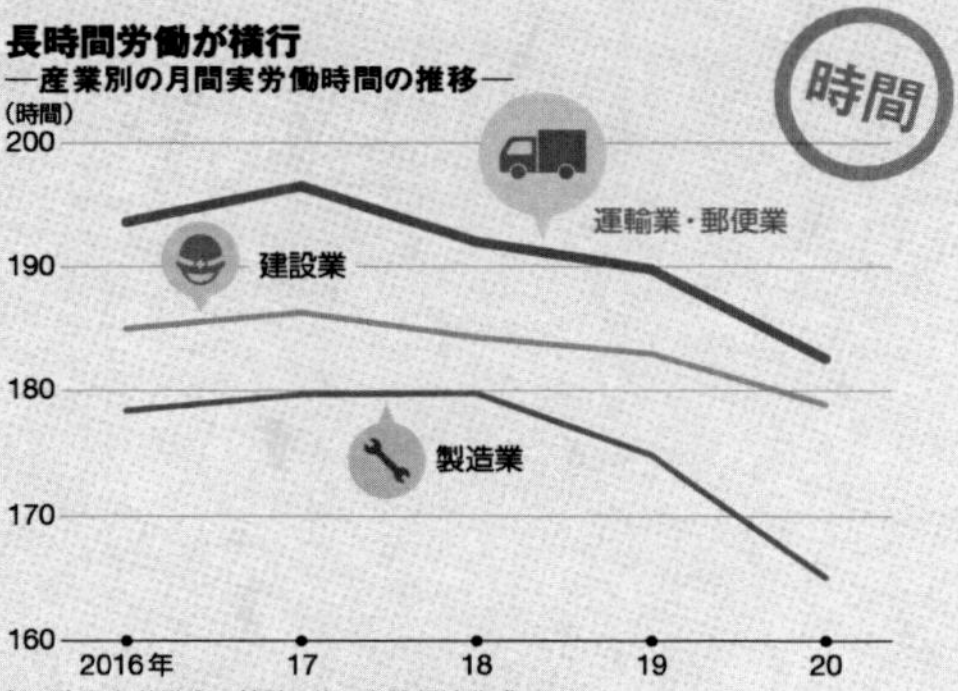

(出所)厚生労働省の統計を基に東洋経済作成

米ボストン コンサルティング グループは、日本では2027年にトラックドライバーが24万人不足すると試算する。路線トラック大手である福山通運の小丸成洋社長は「主に地方では、待遇がよりよい製造業へと人材が流出している。今のままではドライバーが消えてしまう」と危機感をあらわにする。

日本ロジスティクスシステム協会によると、営業用貨物自動車の需給バランスは、30年に約36％（11・4億トン）の貨物が運べなくなるほど悪化する見通しだ。経済産業省は、物流業界の現状を放置すると将来的な物流需要の拡大に対応できなくなり、30年には7・5兆〜10・2兆円の経済損失が生じる可能性があると見る。

すでに行政は働き方改革関連法で長時間労働の是正に着手。24年4月からはドライバーにも年960時間を上限とする残業規制が適用される。その場合、今までとドライバー数が同じままでは対応できる荷物量が減る。業界内では「2024年問題」と呼ばれ、運行ルートの再構築を迫られている。

船井総研ロジの赤峰誠司取締役は「走行距離が片道600キロメートル超の輸送に1人のドライバーで対応すると、残業規制に抵触してしまう」と説明する。

とくに厳しいのが、全国に営業拠点を持ってはいない中小運送会社だ。3PL（物流の一括受託）大手であるSBSホールディングスの鎌田正彦社長は「年商10億～20億円規模の運送会社が残業規制などをクリアするのは難しい。対応に必要な人手、資金が圧倒的に不足している」と指摘する。

だが、労働基準法の適用されない個人事業主を利用すれば、残業規制はくぐり抜けられる。下請け運送会社の経営者は「下請け運送会社や個人ドライバーにシワ寄せが行くだけ」とこぼす。

むしろ、法令を順守する中小運送会社から順にドライバーが辞めかねない。元長距離ドライバーは「こなせる仕事が残業規制で減れば、給与も減らされてしまう。残業時間を規制するだけでは意味がない」と語る。

物流現場の疲弊はこれまで買いたたいてきた荷主の責任でもある。船井総研ロジの赤峰取締役は「今後2～3年間でおよそ3～4割の運賃値上げを荷主は覚悟すべきだろう」と語る。

従来どおりの日本の物流を止めないためには、物流業界のみならず、荷主や消費者も含めた社会全体でドライバーの待遇改善に取り組まなければならない。

（佃　陸生）

疲弊するドライバーの証言

フリーライター・橋本愛喜

おそらく誰もが一度はトラックの路上駐車を目撃したことがあるだろう。「邪魔だな」と、運転席をのぞき込もうとした人もいるはずだ。

トラックの路上駐車の多くは道路交通法違反。メディアでも時折、「迷惑駐車をするトラックの実態」と銘打ち、ハンドルに足を上げてふてぶてしくスマホをいじるドライバーの姿などが報じられる。

元トラックドライバーの筆者はその光景を見るたび、底知れぬ憤りを覚える。矛先は、路上駐車をするドライバーではない。こうした現状にいつまでも対応しない国や荷主、そして表面上の問題しか報じないメディアに対してだ。

荷主の指定時間に遅れる「延着」がドライバーに許されないことは、誰もが想像できるだろう。が、彼らに「早着」も許されないことは、世間であまり知られていない。

荷主は運送業者に対し、とにかく細かい時間指定を行う。背景の1つに、メーカーを中心に浸透する「ジャスト・イン・タイム生産方式」（必要な部品や材料をその都度発注する方式）がある。在庫を極力抱えたくない荷主は、ドライバーの荷台を「倉庫」と捉え、「必要なとき」に「必要なモノ」を「必要なだけ」、搬出入させるのだ。

例えば夕方に搬出したモノを、納品先へ翌朝8時に搬入するよう指定されたとしよう。必然的にトラックドライバーには現地での時間調整が発生するわけだが、敷地内に待機場を用意している荷主はほとんど存在しない。

「遅れてはダメ、早く行ってもダメ、呼ばれたらすぐ来い。それはもう、路上駐車することを暗に指示しているのでは」（30代長距離大型雑貨輸送）。

指定された時間に到着し、受け付けを済ませた後も、「ほかのトラックの作業がまだ終わっていない」という理由で長時間の待機が発生する。いわゆる「荷待ち」だ。

荷待ちが数時間から半日になることはザラで、中には「21時間30分待った」というドライバーもいる。

「冷蔵冷凍車は、エンジンを切ると冷凍機能も切れるから、待機中も基本的にエンジンはかけっぱなし。そんなメーカーが『わが社は積極的にＳＤＧｓに取り組んでいます』とうたっているんですからね。笑っちゃいますよ」（３０代中距離中型冷凍食品輸送）。

商品の陳列まで要求

長い荷待ちの後にドライバーを待ち受けるのが、「積み降ろし作業」だ。フォークリフトを使えるならまだいい。実際は、効率的に荷物を運びたいという荷主の要望により、多くの現場で「手荷役」、つまり手作業での積み降ろしを要求されるケースが少なくない。

「食品を１０トン車に積めるだけ積む。軽いものだが約４５００個積み降ろしたら、その後は運転したくなくなる」（３０代長距離大型）

「スイカの季節は腰と体があざだらけになります。Ｓサイズ（2個入り）で5キログラム、4Lサイズ（同）で20キロくらい。1度の積み降ろしの総個数は900個」（50代地場大型）。

ドライバーに課せられる付帯作業は、積み降ろしに限らない。ピッキング、仕分け、ラベル貼り、そしてスーパーの商品の陳列をも強いる現場まである。

「陳列するときは賞味期限が先のものを前に出し、新しいものを後ろに並べるよう指示される。ドライバーは運転をするのが仕事ではないのか」（50代地場中型食品）。

さらに理不尽なのは、箱の中身は無傷でも、梱包している段ボールにわずかな傷があるだけで、ドライバーが返品や弁償をさせられるケースだ。「即席麺が入った段ボールののりがちょっとでも剥がれたら弁償」という荷主も存在する。

「段ボールは梱包材じゃないんですかね。長距離を走っていれば、段ボール同士がすれて傷くらいつく。『それを無傷で運ぶのがドライバーだろ』と言われると、何も言い返せない」（30代長距離大型雑貨）

これほど過酷な労働環境でも、報酬にその苦労が反映されていれば納得する声も出るところ。だが、実態は正反対ともいえる状況だ。全日本トラック協会の資料によると、大型トラックドライバーの年間労働時間は全産業平均より432時間も長いにもかかわらず、年間所得は33万円安い。

4月に筆者がSNSでトラックドライバーたちに労働時間と給料を聞いたところ、「時給に換算すると500円にしかならない」と嘆くドライバーもいた。

そんな業界にも、かつては某大手運送企業で3年走ったら「家」が建ち、5年働いたら「墓」が建つといわれた時代があった。墓が建つくらい過酷な労働であることに変わりはないのだが、給料にはしっかり反映されていたのだ。

その状況が一変したきっかけが、1990年の「物流2法」で始まった規制緩和だ。これは荷主への過剰サービスや価格競争をもたらした、「物流業界の大事件」だった。

その後、運送企業は従前の4万社程度からピーク時は6・3万社にまで急増。競争が熾烈化した。しかし労働集約型の運送業界は、運賃の値下げやドライバーの無料付帯作業、元気なあいさつくらいしか差別化を図るすべがない。

新規参入のハードルが下がり、小規模な業者も急増した。安い運賃では食べていけず、自社のキャパシティー以上の仕事を受注し、同業者に流すことでマージンを取る、という事業スタイルが定着。これが多重下請け構造をもたらし、孫請け、ひ孫請けの会社は、もはや赤字と知りながらも次の仕事のために走る状況に陥っている。

そんな運送業界に2年後いよいよ残業規制が適用される。現場では徐々に、荷待ち時間の短縮や手荷役の廃止など、ドライバーの長時間労働を是正する取り組みが加速。改善基準告示が規定する休息期間（勤務と次の勤務との間の時間）を、現行の8時間から11時間の努力義務を軸に見直すよう求める議論も始まっている。

しかし、こうした動きにドライバーの表情は曇る。

「現場の多くは歩合制。休みが増えれば、給料が減る。今こうして長時間走っているのも、走らないと食えないから。まずは運賃を上げる仕組みをつくってほしい」（50代中距離大型）。

中には「副業を考えなければ」と焦る声も。ドライバーの副業は過重労働による事故を招きかねず、「道路の死」を意味する。働き方改革の本来の目的やあり方を、いま一度見つめ直す必要があるのではないだろうか。

橋本愛喜（はしもと・あいき）
大阪府出身。元工場経営者・トラックドライバー。ブルーカラーの労働環境問題などについて執筆。著書に『トラックドライバーにも言わせて』（新潮新書）。

【多重下請け】中間業者がサヤを抜きまくり

「置き配をしたら違約金として罰金5万円」「誤配する（誤った届け先に荷物を届ける）と罰金3万円」。これは宅配大手の佐川急便から業務を受託している下請け運送会社と個人ドライバーとの間で締結された誓約書の内容だ。

このドライバーの日当はおよそ1万3000円。ここから燃料費や車両保険費などをドライバーが自己負担する。当然、罰金が発生すれば大赤字になり負担は重い。

複数の業界関係者によれば、こうした罰金は決して珍しい話ではないという。首都圏の運送会社幹部は「宅配大手の制度ではなく、下請けが独自に設定したルールだろう。神奈川県で日本郵便から受託する下請け運送会社では、誤配したドライバーに3万円の罰金が科されていた」と明かす。

下請け運送会社からすれば、ドライバーがトラブルを起こせば元請けから委託契約を解除されかねない。ある中小物流企業の経営者は「何度も誤配するトラブルメーカーも多い。そうしたドライバーを牽制したいのだろう」と話す。

荷主であるアマゾンが個人ドライバーに直接配送を委託する仕組み「アマゾンフレックス」では、4月に規約変更がなされた。そこでは原則として、荷物の破損を最終的に補償するのはドライバーだと明記されている。

■荷物が破損した場合、補償するのはドライバー
—アマゾンフレックスでの変更された規約の一部—

「AMAZON FLEX 独立請負業務委託規約」の
「9.補償」で新たに追加された文言

本サービスの遂行に関連して、貴殿が顧客、通行人、歩行者その他の第三者に対して損害を与えた場合、貴殿は、Amazonまたはその指定する者が、貴殿に代わって、適切と認める当該損害に関する賠償金または補償金を支払うことがあることを認識し、これに同意します。この場合、貴殿は、当該賠償金または補償金の名目を問わず、Amazonが貴殿に対して求償権を行使することに同意します。

b) 貴殿の故意、過失または義務違反により積荷の滅失または毀損が生じた場合は、貴殿は、(i) 滅失または毀損した荷物についてAmazonの積荷目録および出荷送り状に記載された積荷の中身の顧客への販売価格、および (ii) 滅失または毀損した荷物の再配送または交換に要した配送料その他の費用をAmazonに支払うものとします。

また、滅失または毀損の存在が、貴殿において荷物の引渡しを受けた後に確認された場合は、滅失または毀損が第三者に起因して発生したこと（玄関先やその他の指定場所に置き配された荷物が第三者により盗取された場合を含みます。）を貴殿がAmazonに対してAmazonが満足する方法で説明しない限り、貴殿に起因する滅失または毀損とみなします。

（注）赤の下線は東洋経済が付けた

アマゾンフレックスの元ドライバーは「商品が届いていないというクレームが来たので、配送が完了している証拠写真を提示したのに、問答無用で業務を停止させられた」とこぼす。こうしたリスクはすべてドライバーが背負っている。

宅配ドライバーは過重労働をも強いられている。下請け運送会社と契約する個人ドライバーは「1日の拘束時間は13時間。1日に200個超の荷物を運ばされるので、休憩は10~20分くらいしか取れず、車の中で昼食を取っている」とこぼす。

ネット通販（EC）需要が拡大する中、宅配便の荷物量は増える一方だ。国土交通省によれば、2020年度の宅配便の取扱個数は47・8億個（前年度比11・5％増）と右肩上がりが続く。

需要拡大に伴い、宅配大手は荷物の配送を中小運送会社などに委託している。宅配大手の佐川急便や日本郵便は、もともとBtoC宅配便の配送の多くを下請け運送会社に委託。また宅配便首位のヤマト運輸も20年ごろから、社員ドライバーでの配送にこだわる自前主義から転換し、EC荷物の一部を下請け運送会社に委託している。

下請け運送会社の経営者は「2024年4月から始まる残業規制に社員ドライバー

が抵触しないよう、下請け運送会社や個人ドライバーに押し付けている」と指摘する。労働基準法の適用外である個人事業主に運ばせることで、残業規制の網をくぐり抜け、EC荷物をさばいているというわけだ。

この会社はヤマトから業務受託していたが、小型宅配便「ネコポス」の比率が高まったのでヤマトとの契約を打ち切ったという。「宅配便は1個当たり150円程度の配送単価なのに対して、ネコポスは1個40円で当然赤字。まったく割に合わない」（同経営者）。

ヤマトの長尾裕社長は「外部委託の仕組みは始まって日も浅く、手探りだった。今後、より精緻化されて、効率的かつ委託先にもメリットのある仕組みに発展していく計画だ」と強調する。

宅配便の配送を担う実運送会社は17年度以降、増え続けている。国交省によれば、21年3月末時点の軽貨物運送事業者数は19・7万者（前年同期比11・8％増）、車両数も31・9万車（同8・6％増）まで増加。複数の実運送会社の幹部は「競合が多すぎるので、案件獲得のための価格競争が激化している。運賃相場は適正水準から程遠く、3～4割の値上げが必要」と語る。

複数の事業者が中間搾取

運賃が低いのは荷主が買いたたいていることだけが理由ではない。元請けの下に多数の事業者がぶら下がり、それぞれが運賃の一部を抜き取っていく構造が業界内に根付いている。これこそが、実運送会社やドライバーの報酬が大きく減る原因となっている多重下請け構造だ。複数の業界関係者は「ほとんどの配送案件では3次請けまで存在しており、ひどい場合は7次請けまで出てくる」と話す。

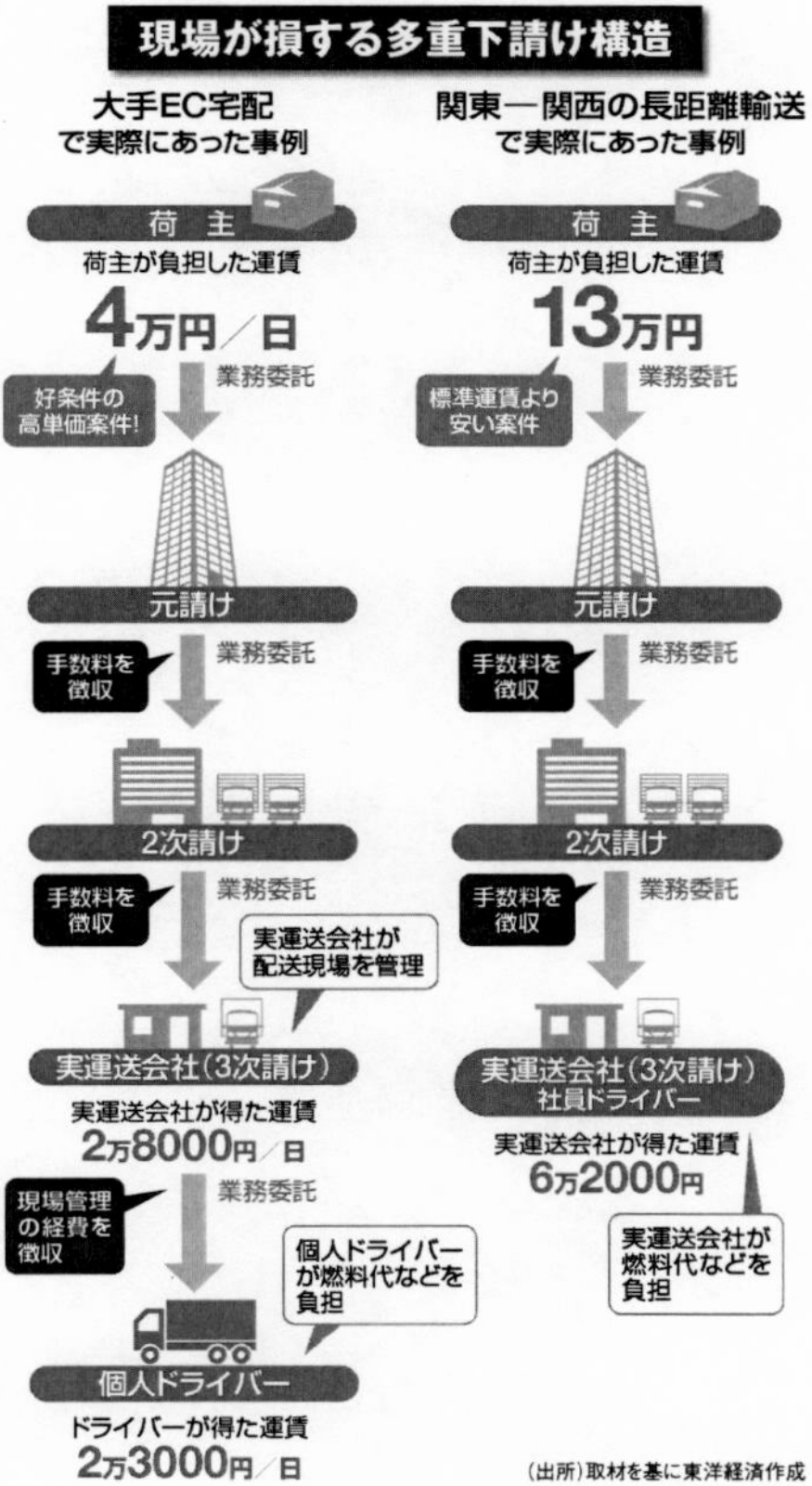
現場が損する多重下請け構造
大手EC宅配
で実際にあった事例
荷主
荷主が負担した運賃
4万円／日
業務委託
好条件の
高単価案件!
元請け
業務委託
手数料を
徴収
2次請け
業務委託
手数料を
徴収
実運送会社が
配送現場を管理
実運送会社（3次請け）
実運送会社が得た運賃
2万8000円／日
業務委託
現場管理
の経費を
徴収
個人ドライバー
が燃料代などを
負担
個人ドライバー
ドライバーが得た運賃
2万3000円／日
関東―関西の長距離輸送
で実際にあった事例
荷主
荷主が負担した運賃
13万円
業務委託
標準運賃より
安い案件
元請け
業務委託
手数料を
徴収
2次請け
業務委託
手数料を
徴収
実運送会社（3次請け）
社員ドライバー
実運送会社が得た運賃
6万2000円
実運送会社が
燃料代などを
負担
（出所）取材を基に東洋経済作成

先の図に示した例では、ある大手ＥＣ事業者の配送案件は日当４万円という好条件だった。だが、元請けと２次請けが手数料を抜き取った結果、実運送会社の得られる報酬は１日当たり２万８０００円にまで減ってしまう。

実際に管理者を置いて現場を管理するのは実運送会社だ。管理にかかるコストは実運送会社の負担となる。「このときの元請けや２次請けは何もしていなかった」（下請け運送会社の幹部）。

仲介する業者からすれば、実運送会社に業務を丸投げし手数料だけ抜けば、運賃が低くても利益を出せる。需要拡大の中でもダンピングがなくならない背景には、そうした構造問題があるといえよう。

同じことは長距離輸送でも起きている。関東－関西間にて１３万円の運賃で輸送する案件では、実運送会社の報酬が半額以下の６万２０００円にまで落ち込んだ。長距離輸送の元ドライバーは「多重下請け構造で運賃を搾取されている実運送会社が、ドライバーの給与を上げられるわけがない」と憤る。

なぜ多重下請け構造ができてしまうのか。配送の現場では、突発的な需要の増加により荷物量が事前予測を超えることがしばしばある。オーバーフローした荷物をさばくため、元請けは多数の実運送会社と連絡を取り、リスクヘッジをしつつ、実際に委託する事業者を選ばなければならない。

その過程で事業者間での案件の横流しが起きてしまう。首都圏の物流企業の幹部は「売り上げ欲しさに自社の配送能力を超えて案件を抱える事業者も多い。結果、運賃を一部抜いて他社に横流しする再委託が多発する」と説明する。

無数の事業者が複雑に入り組むことで多重下請け構造が成り立っている。複数の業界幹部は「荷物を運び切るためには仕方がなく、多重下請け構造そのものに問題はない」と主張する。

ただ、仲介する業者が増えれば増えるほど、ドライバーや実運送会社が得られる報酬は少なくなっていく。中部地方の物流企業の経営者は「5次請けから紹介された案件の配送単価は1個120円前後だった。これでは実運送会社として利益が出せない」とこぼす。

実運送会社やドライバーに適正な運賃が行き渡らなければ、物流の担い手が倒産・廃業しかねない。船井総研ロジの赤峰誠司取締役は「多重下請け構造を放置するということは、ある日突然、自社の物流が止まるリスクを抱えることと同じ。自社の物流網にそうした歪みがないか、荷主はいま一度確認すべきだ」と警鐘を鳴らす。

宅配大手など元請け側も、2次請けまでに制限するなど過度な多重下請けを是正しようと努力はしている。だが、前述の下請け運送会社の経営者は「目の前に積み上がる荷物を処理するため、現場では再委託が黙認されている。実態は、3次請けや4次請けまでいる多重下請け構造だ」と明かす。

使用者責任が曖昧に

下請けドライバーが加入する労働組合、建交労軽貨物ユニオンの高橋英晴代表は「元請け側にとって多重下請け構造は、責任の所在が不明瞭になるメリットもある。個人ドライバーとの間で労働問題などが発生しても、下請け運送会社を切り捨てれば自分たちに責任は及ばない」と指摘する。

さらに、多重下請け構造に入り込むのが案件の仲介だけをなりわいとする「水屋」だ。事務所と資金さえあれば誰でも始められるため、トラックやドライバーをいっさい抱えない事業者も多いという。

前述の下請け運送会社の経営者は「現場管理やドライバーの手配は当社に丸投げで何もしていない。なのに、ある配送案件では荷主から得た運賃のうち半分を手数料として抜き取られていた」と憤る。

水屋も入り乱れることで多重下請け構造はますます不透明になっている。ある業界幹部は「水屋がどれだけいるのか実態はわからない。実運送会社の運賃が下がる原因の1つなので、なくしたいのが本音だ」と肩を落とす。

「契約切りのおそれがあるため荷主や元請けに逆らえない。一方的に買いたたかれて、残業規制などのシワ寄せばかり来る。限界だ」(冒頭の個人ドライバー)

荷主や元請けが責任を逃れ、弱い立場の下請け運送会社やドライバーなどにシワ寄せが行く。残業規制だけでなく、現状の是正もしなければ、ドライバーの待遇改善にはつながらない。

(佃　陸生)

コロナ禍に残業規制導入が打撃！

事業売却、廃業が増える下請け事業者たちの悲鳴

物流ジャーナリスト・森田富士夫

ある中小運送会社を経営する男性が企業譲渡に関するセミナーに行ったところ、同業の知り合い数人に出くわした。当初は男性も譲渡を考えていたが、「幸いその後、子息が自ら経営を継ぐと言ってくれた」という。

別の運送事業者も最近、事業の継続に頭を悩ませている。「当社のドライバーの平均年齢は50代半ば。このまま推移すると10年後に60代半ばになる。後継候補がいても『経営を継げ』とは言えない」。

過酷な労働環境などから、後継者不足が指摘されてきたトラック運送業界。2024年の残業規制適用を前に、身売りや廃業を検討する中小事業者がにわかに増

えている。

国土交通省の資料によると、20年度末における全国のトラック運送事業者数は6万2844で、10年前の10年度末の6万2989からほとんど変わっていない。だが、今後は減少が予想される。最大の理由は国内市場の縮小だ。

総務省の発表では、21年10月1日時点の外国人を含む推計人口は、前年と比べて64・4万人の減少となった。1年間で島根県の人口にほぼ匹敵する人口が減少したことになる。それに比例して食料品や飲料水、日用雑貨などの消費量が減少するため、この先国内で輸送される荷物が減ることは明らかだ。運ぶ商品が減れば、荷主も物流網を再構築しないと収益が成り立たない。効率化のため他社と物流を共同利用する動きがさらに広がり、トラックの必要台数も減ることになる。

そうなれば、多重下請け構造の下層を構成してきた中小運送事業者は打撃を免れない。元請け事業者は自社のドライバーと車両を優先するからだ。実際にコロナ禍ではBtoB輸送の需要が急減し、多くの下請け事業者は荷物の大幅な減少に直面した。市場縮小による影響を先取りした現象がすでに起き始めているのだ。

そもそも下請け事業者は運賃水準が低いうえ、ウクライナ危機や円安などの余波で燃料価格が高騰する中でも、運賃と別枠の燃料サーチャージの導入すら進んでいない。荷主から直接仕事を受注する場合はサーチャージを受け取ることができるケースもあるが、下請けとなれば「元請け事業者に支払いを要求してもまったく話にならない」といった悲鳴が聞こえてくる。

規制対応に原資が必要

そこに降りかかるのが、2024年問題だ。残業規制が適用されれば、1人のドライバーが1日に運べる荷物量は減ってしまう。多くの中小事業者にとっては収入減となる。

荷主企業の間では「法令を順守する事業者を確保できなければ運べなくなる」という危機意識から、運送事業者を囲い込む動きもある。ただ、その対象はあくまで直接契約する元請け事業者。下請けで仕事を得てきた事業者にとって、先行きは見通せない。

規制の上限を守りながら従来の収入を維持しようとすると、ドライバーの人員増強などの対応が不可欠となる。そうした対応の原資を確保できそうにない事業者が、今のうちの事業売却や廃業を考える局面に来ているわけだ。

下請け事業者の経営は、すでに厳しい状況に置かれているのが現実だ。

ある経営者の男性は、深夜や早朝に発着するトラックのドライバーに対し、その都度、自宅から事務所に赴いて対面点呼をしている。運行管理者を雇用する余裕がないからだ。さらにドライバーが体調不良で急に休めば、男性自身がハンドルを握る。「このような苦労の多い会社を継げとは言えず、親の背中を見ている息子も継ごうとはしない」。

コロナ禍では、雇用調整助成金や各種の融資などで経営を維持してきた事業者も少なくない。これ以上借り入れを増やせば、返済に窮する事態に陥る可能性もある。多くの中小・零細事業者が今、難しい判断を迫られている。

森田富士夫（もりた・ふじお）
1949年生まれ。物流業界を専門に長年取材・執筆を行う。主な著書に『トラック運送企業の働き方改革～人材と原資確保へのヒント～』（白桃書房）。

「荷主や元請け企業も責任を自覚すべきだ」

神奈川大学　経済学部教授・齊藤　実

――ドライバー不足が続く要因をどうみていますか。

リーマンショック前の２０００年代半ばやアベノミクスで景気が回復した１０年代前半など、過去にもドライバー不足は起きてきた。

背景にはトラック運送業の構造的な問題がある。１９９０年に行われた規制緩和で新規参入が相次いだ結果、事業者数が急激に増加した。過当競争が起き、ドライバーの賃金と労働条件はだんだんと悪くなってきた。景気が拡大する局面で他産業の雇用が増えると、当然そちらに人が移る。そういった意味で、ドライバー不足の原因は低賃金と長時間労働にある。

――24年の残業規制の適用は、どんな影響を与えますか。

長時間労働を是正するという点では一定の効果があるだろう。ただ、ドライバーの給与体系は歩合給が多い。働けば働くほど収入が増える状況にあるため、上限規制が入ると、今まで長時間労働で稼いでいた部分が減ってしまう。

ただでさえ相対的に低い賃金がさらに減れば、嫌気の差したドライバーが他産業に流れて、新しい人も集まらなくなる事態が懸念される。運送会社にとっても、輸送量が減少すれば営業収入が減って経営が苦しくなる。それをカバーする形で賃金の水準を上げる取り組みが必要だ。

――ドライバーの賃金を上げるには、運賃や業界構造から見直さないといけません。

トラック運送業界は多重下請け構造がずっと続いてきた。中小・零細事業者の多くは、自分たちで荷主企業からの仕事を開拓する営業能力が乏しく、同業他社から流れる依頼に頼らざるをえない。どんどん下請けに回される中でコミッション（手数料）が引かれ、実際に運ぶ業者の運賃は非常に低い。

荷主の改善が不可欠

こうした構造において、元請け企業の責任は大きい。輸送の安全性を担保しつつ、さまざまな労働規制を下請けが守れる形で仕事を出すよう、元請け側の責任をきちんと明確にする必要がある。

荷主側も、自社製品の配送・輸送のあり方をより考えなければいけない。荷待ち時間が長い、荷役や付帯作業をさせられるといったことがドライバーの長時間労働につながっている。荷主がそれらを改めないと、最終的に自分たちのモノを運べない状況になってくる。

制度運用の課題もある。国土交通省は荷主勧告という制度を設けている。トラック運送業者に違法行為や長時間労働を強いるようなことを荷主が行った場合、国が勧告するものだ。実態としてそうしたケースは発生しているのに、勧告に至った事例はあまり聞かない。

――すべての荷主の意識を変えるハードルは高そうです。

結局は需給の関係で荷主との力関係も変わる。ドライバー不足がどこまで深刻になったら「運賃を上げざるをえない」「物流を改善しなくては」といった判断になるか。今はまだそこまでの危機意識がない。しかし本当に荷主が物流で困る事態に直面してからでは遅い。

一方で2024年問題を機にトラック運送業界の構造自体が変わるようなことになれば、荷主との関係が変わる可能性もあるだろう。

仮に、経営難に直面する中小・零細事業者が増えて撤退や身売りをする動きが加速すれば、事業者が集約され、業界の再編成が起きる。過当競争でたたき合いをする状況も解消されてくる。楽観的シナリオではあるが、適正な運賃でドライバーを確保しようとする意識が広まる1つのきっかけとなるかもしれない。

（聞き手・真城愛弓）

齊藤　実（さいとう・みのる）
1954年生まれ。法政大学大学院社会科学研究科博士後期課程単位取得（経済学博士）。専門は物流論、交通論。

「規制強化はまだ不十分　運賃から見直しが必要」

全日本運輸産業労働組合連合会（運輸労連）中央副執行委員長・世永正伸

――時間外労働960時間の上限規制が2年後適用されます。

残念ながらトラックドライバーには、年間720時間を上限とする一般則が適用されないこととなった。同じく規制適用が猶予されてきた建設業には一般則が適用される。僕たちだけが取り残された。

また、960時間には休日労働も含まれない。普通の労働者と同じようなルールへ持っていくためのロードマップを、物流業界は社会に対して示す必要がある。

――働き方改革関連法による残業規制適用だけでは不十分だ、と。

休日労働は細かな労働基準を定めた「改善基準告示」が目安になる。告示が定める年間総拘束時間（休日労働を含む）を、現行の３５１６時間から３３００時間へ見直してもらうよう取り組んでいる。

そもそもトラックの乗降や荷物の積み降ろしなどを行うドライバーは、仕事中の事故が多い。過労死、脳や心臓の疾患の労災請求件数も非常に大きい。

労働市場において物流業界と相関性が高い建設業界は、夜中の仕事はあまりない。朝出勤すれば、だいたい夜に帰ってくる。それがトラックドライバーは、朝出たら帰りは翌日か、３日後という仕事もある。労働条件が改善されなければ、若い人は「建設のほうがいい」と考える可能性もある。

「安い材料」になっている

――過酷な労働環境の根因はどこにあるのでしょうか。

適正な運賃をもらえていないこと。今、トラックは「安い材料」になってしまっている。国土交通省は2020年に（ドライバーの待遇改善に向けて、荷主との価格交渉を後押しするため）トラック輸送の「標準的な運賃」を定めたが、これに基づいて運賃改定を行う届け出を行った事業者は4割にとどまる。払うべきものを払ってもらえないと、労働時間も守れないし、安全対策も十分にできない。

労働条件悪化の背景には、荷主側の都合がそうとうある。例えば東京の工場を夕方に出たドライバーが、輸送先の名古屋へ指定された翌朝に届けようとすると、高速道路のサービスエリアなどで時間を潰すことになる。6時間待っていようが、その間の賃金を荷主は払ってくれない。こういうところから変えないといけない。

問題は、それを誰が負担するのか。こうした賃金がドライバーに払われていたら、おそらく今の日本の運賃では成り立たない。

――荷主、元請けのほか消費者の意識も変える必要がありますね。

宅配便はなぜ次の日に着くのか、当たり前になっていて仕組みを考える人はあまりいない。スーパーやコンビニにいつも商品がきちんとあるのも、ドライバーが荷物を運んでいるからだ。夜通しで走るドライバーが今の半分になったら、翌日に着く荷物も半分になる。そういう状況にわれわれの業界は追い込まれている。

ドライバーと荷主の間に入る企業の責任もある。労働基準法や改善基準告示を熟知していない中間業者が、無理な仕事や「片荷」(往路か復路にしか運ぶ荷物がないこと)になるような仕事をドライバーにあてがうことがある。こうした業者や、法をかいくぐって長時間労働をやめない事業者などへの行政の管理・監督も必要になる。

2024年問題で、正直多くのドライバーにとって収入は減るだろう。それがひと月やふた月経つと「この業界にいていいのか」と考えるかもしれない。運賃が適正化されないと、十数万人、20万人と足りない状況が生じてしまう。

(聞き手・真城愛弓)

世永正伸(よなが・しょうしん)

1962年生まれ。80年日本通運入社。93年全日通労働組合東京支部執行委員。2013年運輸労連書記次長、15年から現職。

荷主主導で進む現場改革

「申し訳ないが、これからはお客様を選ばざるをえない」。物流大手の幹部は、2024年に控えた残業規制への対応を見据えてそう断言する。

到着時間のタイトな指定、現場で課せられる付帯サービスや長時間の待機——。ドライバーの過酷な労働環境の根底にあるのが、メーカーや小売りなど荷主企業の理不尽な振る舞いだ。ドライバーの働き方改革が急がれる中、現場への無理解を理由に物流業者から見放されたら、荷主は商品や材料を運べない事態に陥ってしまう。

持続的なビジネスを実現するには、荷主側も物流改革が避けられない。ドライバーに選ばれる現場に、どう変えていくのか。

【アスクル】

商品開発から物流現場の作業まで、垂直統合で配送効率の改善を模索しているのが、オフィス用品や日用品のＥＣ（ネット通販）を運営するアスクルだ。

倉庫運営や一部の配送業務を自前化しているアスクルは、独自の配送プラットフォーム「とらっくる」を開発。ラストワンマイルを担う配送業者に提供している。もともと物流子会社が使用していたシステムを２年前にオープン化し、機能や使い勝手を改良した。現在アスクルのＥＣで販売・出荷されている荷物の６割強が、プラットフォームを活用して配送されている。

ドライバーはスマートフォンのアプリから、自動生成された最短の配送ルートをチェックできるほか、荷物情報の確認や置き配の荷札管理も行える。駐車スペースなど個々の配送先の注意情報も蓄積しており、新人でもスムーズに配送できるよう支援している。

同社の伊藤珠美・ロジスティクス本部長は「スマホ１つでアスクルの配達業務が簡

単に行えるイメージだ。プラットフォームの存在が差別化要素となり、『アスクルの荷物を運びたい』とお声がけくださった配送会社も多い」と語る。

管理を行う業者側の作業負担を減らす効果もある。プラットフォームを活用すれば配送実績の管理や請求処理を簡単に行える。アラートを出してドライバーの誤配を防ぐ機能もあるため、アスクルにとっても配送品質を維持できるメリットは大きい。

他方、ＥＣ事業者にとって配送費は最大のコストでもある。ドライバー不足が深刻化する状況下、いかにその負担を下げるかは悩ましい問題だ。その点、アスクルでは「商品開発の段階から配送効率を考え、ドラスティックな改善を行っている」（伊藤氏）という。

同社が展開するＥＣ「ＬＯＨＡＣＯ」の人気商品が、オリジナルブランドの飲料水。2リットルのペットボトルが5本入りで３９８円だ。

飲料メーカーでは、2リットルペットボトルは6本入りのパッケージが基本仕様。しかし6本パックだと大きさの問題で、同時注文された商品とは別送となる。配送が分散されるとコストがかさんでしまう。

5本パックであれば、段ボール箱の底面に入れることで他商品と同梱できると踏んだアスクルは、独自の商品開発に着手。ほかの商品を上に置いても潰れない強度を備えたボトルと外装パッケージを開発し、5本パックを実現させた。

メーカーとかけ合って生まれた商品もある。LOHACOでは日本製紙クレシアのトイレットペーパー「スコッティ」が1セット6ロール598円で販売されている。1ロールの長さは75メートル。一般的なトイレットペーパー（25メートル）の、3倍の長さだ。18ロール分の長さが6ロールで済むため、体積がかさまずに配送効率を上げられる。

「配送費に影響を与える指標は何かを全社で考え、対策を打つことが重要だ」と伊藤氏。物流現場ばかりに改善を求める発想から抜け出すことで、コスト競争力の強化にもつながっている。

アスクル

独自のアプリで業務支援
配送効率を考え商品開発

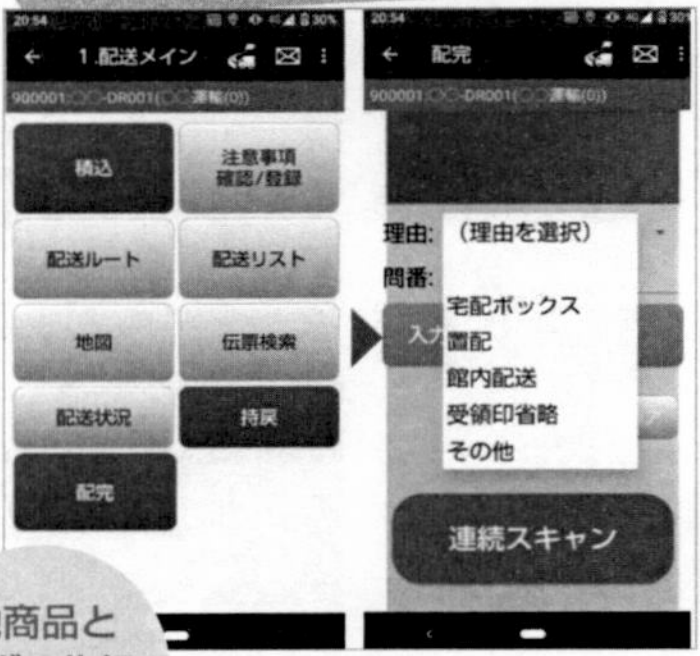

「とらっくる」を活用し、スマホから置き配の荷札管理などが行える

他商品と段ボールに梱包

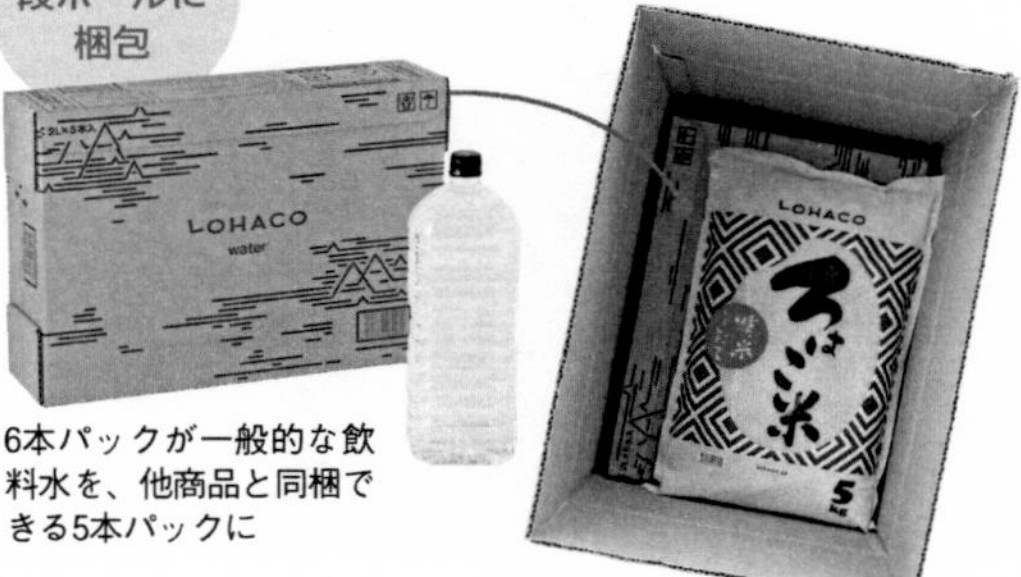

6本パックが一般的な飲料水を、他商品と同梱できる5本パックに

【ローソン】

コンビニエンスストア大手のローソンは、ＡＩ（人工知能）を活用した物流改革に乗り出している。

２０２１年秋から開始した実証実験の舞台は群馬県。約４００店舗を管轄する配送センターで、配車最適化システムを提供するオプティマインドと共同でトラックのダイヤグラム（運行表）を作成し、配送会社に提供する。

実証実験に先立ち、同配送センターの車両４８台の走行軌跡を解析し、ＡＩで最適なダイヤグラムを作成した。すると配送台数を約８％（４台）削減できることがわかった。現在は兵庫県や愛知県でも同様の取り組みを始めている。

「１７年から物流コストが上がり始めた。われわれはあくまで（配送を）委託する立場だが、荷主から動かなければ、お互いに立ち行かなくなるという危機感があった」。ローソン商品本部の川島宏史・ロジスティクス部長は、実証実験に至ったきっかけをそう語る。

今回の実験は3カ月に1回、人の手で更新してきたダイヤグラムをAIで作成するというもの。川島氏はこれを「第1ステップ」と位置づけ、次の段階として火曜日とそれ以外の曜日でダイヤグラムを別々に作成することを考えている。

コンビニ業界では、大手各社が毎週火曜日に新商品を発売するのが慣例だ。新商品を積極的に店頭に並べるため、加盟店からの注文量がほかの曜日より増える傾向にある。こうした事情に合わせた、より最適なダイヤグラムの作成を目指している。さらに23年度中には、店舗の在庫状況や発注数量を基にAIが毎日異なるダイヤグラムを作成する体制を整え、さらなる配送効率化を狙う。

ただ仮に毎日配送ルートが変わるとなると、加盟店にとってはいつ商品が店舗に届くかわからない。そのため、配送トラックが店舗に到着する時間を事前に店舗側に伝える仕組みを模索している。「バス停などで、『あと何分でバスが到着する』という表示があるが、そのイメージに近い」(川島氏)。

配送時間が一定しないと、従業員が接客などに追われていて商品を受け取れない可能性もある。そこで将来的には商品をストックするバックヤードを大きくし、搬入専用の勝手口などをつくることで、配達する人がいつでも気軽に搬入できるような環境づくりを目指す。「単に物流側の視点だけで物事を変えていくのではなく、店舗（加盟店）と一体となって改革を進めていく必要がある」（川島氏）。

ローソンでは、ドライバー視点に立った物流業務の改善を2000年代から進めてきた。例えば、商品を運ぶ台車の更新はあくまで委託先が負担する。ただし、入れ替えの際には軽量化などの課題解決のため、ローソン自ら委託先と一緒になって仕様の設計に関わる。

委託先の配送業者にコミットし、共に問題を解決する。そうした姿勢は、荷主が安定的に事業を続けるうえでも重要性を増している。

(上)台車からの荷降ろしは店舗の業務で、原則ドライバーは行わない。(下2枚) 台車はドライバー視点に立ち、改善を重ねてきた

【キユーピー】

「われわれはドライバーからとくに嫌われている業界。2024年問題で（輸送能力が）40〜50％減るのではという危機感がある」

そう語るのは、キユーピーの前田賢司・ロジスティクス本部長。マヨネーズやソースなど、同社が主力とする加工食品は多品種・小ロットの納品が多い。積み降ろしなどの作業負担が大きく、荷受け時の検品にも時間がかかりがち。ドライバーから敬遠される業界だ。

加工食品の物流現場では、2013年ごろからドライバー不足で「モノが運べない」事態が局所的に発生してきた。19年の豪雨災害の後などには、トラック配送需要が増えた飲料業界へ移るドライバーが急増。商品の流通を止めないために、現場の変革が急務となっていた。

そこでキユーピーが着手したのが、長年の商慣習の見直しだった。加工食品メーカーでは、今日受注した商品を明日までに卸売業者や小売業者の元へ配送する、翌日納品が一般的。翌日に間に合わせるため、出荷数量などが確定しないまま見込みで車両を確保して無駄が生じたり、ドライバーが深夜前提での配送を余儀なくされたりするなどの問題が生じている。

キユーピーは18年から、受注の2日後までに配送する「翌々日納品」を試験導入。取引先と個別に商談を重ね、19年末に翌々日納品を基本とする方針を宣言した。現在は一部の取引先を除き、平時から70%を翌々日納品で運用する。

配送のリードタイムが1日延びれば、深夜帯の走行や庫内作業を減らすなど時間の融通を利かせやすくなる。配送計画を柔軟に調整できるようになり、積載率向上や、大雪など天災時のトラブルの減少も図れたという。さらに前田氏は「このリードタイムを活用し、事前に出荷商品の情報を取引先に送れば納品時の検品作業を効率化できる。ドライバーの拘束時間の圧縮にもつながる」と強調する。

荷受けした卸売業者などの倉庫では通常、トラックに積まれた大量の商品に対して賞味期限などの情報を現場で入力し、ステッカーを発行して貼り付ける作業を行う。キユーピーは一部の取引先との間で、これらの出荷商品情報をデータにまとめて事前に送付しておく取り組みを実施。現場での入力や確認作業を省略でき、納品が完了するまでドライバーが長時間待機する事態を防ぐことが可能となる。

キユーピーが作成した事前出荷データのフォーマットは、日本加工食品卸協会が標準フォーマットとして登録。他メーカーにも同様の取り組みを広める考えだが、そのうえでは取引先との課題意識の共有が欠かせない。例えば卸売業者は、小売業者からの発注量を見たうえでメーカーに納品を依頼する。配送のリードタイムを延ばす場合、小売業者が発注するタイミングの前倒しも必要となってくる。

業界のしきたりからの脱却に挑むキユーピー。加工食品業界がドライバーに選ばれる職場へと変わる一歩となるかもしれない。

（真城愛弓、又吉龍吾）

自転車で届ける〝爆速ＥＣ〟

クイックコマースの衝撃

　ドライバー不足が叫ばれる一方で拡大するＥＣ（ネット通販）。その需要に対応すべく、新たなサービスが急成長している。

　小売り全体でＥＣシフトが進む中、まだまだ成長途上にあるのが食品分野だ。経済産業省によれば、２０２０年の「食品、飲料、酒類」のＥＣ化率は３・３％。アパレル（１９・４％）や化粧品（６・７％）と比べても一段と低い。

　食品のＥＣで多くを占めるネットスーパーは、コロナ禍を経ても広く一般に浸透していない。調査会社マイボイスコムの２０年１０月の調査では、ネットスーパーを利用している消費者は１１・１％、定期利用者はわずか３・２％だった。

ネットスーパー拡大を阻むのが、ドライバー不足だ。

食品スーパーなどが展開するネットスーパーは、業務委託された個人ドライバーが自己保有の軽自動車で商品を配送することが多い。ところがある物流企業の幹部は「荷主からの要望は非常に強いが、ドライバーの採用が追いつかず、ネットスーパー向け事業を拡大できない」と明かす。高まる需要に対し、運び手が不足しているというわけだ。

半日から1日がかりの仕事なので拘束時間も長い。ネットスーパーの元ドライバーは「1日13時間以上拘束されて非常に疲れる。人に勧められない仕事だ」とこぼす。

伸び悩むネットスーパーを尻目に、生鮮食品や日用品のECの担い手として目下急拡大しているのがクイックコマース。実店舗は持たず、EC注文への対応に特化したダークストアと呼ばれる物流拠点から、配送員が自転車などで30分以内に商品を届けるサービスだ。

フードデリバリー大手のウーバーイーツは、2021年12月からクイックコマースを開始。自社でダークストアを構えて在庫管理まで行う。EC大手のヤフーを擁するZホールディングス（HD）も、グループ会社のアスクルや出前館とともに、注文後最短15分で商品を届けるサービスを22年1月から本格始動。4カ月で14拠点を開設している。

ZHDの秀誠執行役員は「今はクイックコマースの拡大期。フードデリバリーの浸透もあり、需要が大きく高まっている」と語る。

専業ベンチャーも続々と誕生している。19年11月から都内の一部でサービスを展開しているクイックゲットは、配送料が一律250円。同社の平塚登馬CEOは「今すぐ欲しい商品が、コンビニとほぼ同じ価格で平均11分以内に受け取れる」とアピールする。

同じく都内の一部で展開するオニゴー（OniGO）は22年4月、東京大学エッジキャピタルパートナーズなどから7・2億円を調達した。オニゴーの梅下直也CEOは、EC注文に特化した優位性を強調する。「実店舗から出荷する従来のネットスーパーは、店頭在庫とシステム上の在庫がうまく連係できず欠品が多かったようだ。欠品率が2割を超えると不便でリピーターも積み上がらない。当社は欠品率を1％以下に抑えている」。

配送員を柔軟に確保

運び手の確保の面でもネットスーパーと大きな違いがある。クイックコマースの配送員はアルバイトや案件ごとにマッチングする個人事業主が中心。自転車で仕事ができるうえ、働く時間や案件をある程度自由に選択できる。コロナ禍で急増したフードデリバリーで働く配送員による兼業もしやすい。

ウーバーイーツジャパンでクイックコマースなどを統括する野村佳史氏は「フードデリバリーを通じて多くの配送員が稼働する柔軟なネットワークを構築できている。ネットスーパーと違い配送能力に制約がないので、利用者にとっても利便性が高い」と自信を見せる。

こうした配送ネットワークを武器に、実店舗主体の企業と連携する動きも。例えばウーバーイーツは、ローソン約3000店舗からの商品の配送を受託。小売事業者も、EC拡大に対応した配送網のあり方を模索している。

（佃　陸生）

デジタル支援のサービスが続々登場

配送を受注した業者から実際にモノを運ぶ業者へ委託が進む中で、マージンがどんどん抜かれていく。荷主は運び手が誰か知らず、配送業者も元請けがわからない。事故が起きた場合、どこに報告すればよいのか――。多重下請け構造の物流業界では、そんな問題が日々繰り返されている。

業界の商慣習を打破すべく、2015年に始まったのが「ハコベル」。荷主とドライバーをつなぐマッチングサービスで、運営するのはネット印刷のラクスルだ。荷主がパソコンやスマホで手配すると、登録している運送業者とマッチングされる。ほかにも、荷主向けに業務効率化を目的とした配車管理システムを提供している。

サービス開始以降、累計52万件の配送をこなし、登録荷主数は4・6万超、車両登録台数も3・2万台を超えた。マッチング率は98％に上る（21年11月時点）。

ハコベルを利用する荷主にとってのメリットは、需給に応じて配送手段を柔軟に確保し、固定コストを削減できることだ。

業務の煩雑さも解消される。荷主は車両を確保するため、何社もの運送会社に依頼の電話をかける。待ち時間を含めると、集荷までにかなりの時間が必要だ。車両を確保しても、どのルートでどれほどの荷物を運ぶのか、ファクスで細かい指示を送らなければならない。

ネット上で手続きが完結するハコベルでは、こうした手間を省ける。「コストが下がる、業務量が減るメリットが大きい。紙で管理していた作業が減り、業務時間が6割減ったという声も寄せられている」（ラクスルのハコベル事業本部長・狭間健志氏）。

運送会社にもメリットがある。受発注をアナログで管理している業者は、業務量をうまく調整できず、ドライバーが朝から稼働しても、昼に仕事がないこともある。そんな空き時間にハコベルの仕事を入れて業務効率を引き上げられる。出来高払いのドライバーにとっても収入を増やせるわけだ。

案件の9割は荷主からの直接の依頼で、ハコベルは報酬から一定の手数料を受け取る仕組みだ。荷主と直接マッチングさせることで、運送会社は多重下請けで発生しがちな採算の悪い仕事を避けられる。

ただし、サービス拡大には課題もあるようだ。「運送会社はハコベルの仕事では効率化できても、ほかの荷主とはメールやファクスで取引しなければならず、全体の効率化が難しい。まだ十分な価値を提供できていない」（狭間氏）。業界の課題を解決するうえでは、荷主だけでなく、運送会社にもメリットのある機能が求められそうだ。

発注後15分以内に「即答」

物流施設デベロッパー・日本GLP傘下のモノフルも、物流業界のデジタル化に取り組む1社。同社が展開する「スピード求車」は、発注後15分以内に受託の可否を回答する。その名のとおりスピードが売りのサービスだ。

展開に当たり、運送会社の空車情報と荷主の貨物情報をマッチングするトランコム社と連携。モノフルが持つデジタル基盤や荷主とのネットワークと、トランコムの配車能力をかけ合わせ、荷主からの突発的な要望に対応している。スピード求車も運賃の一部を手数料として受け取るモデルだ。

荷主の依頼はモノフルの配車システム上からトランコムに伝わり、トランコム側が受託の可否を回答する。前日までの発注なら、ほぼ100％車両を確保できるという。

トランコムでは、アジャスターと呼ばれるスタッフが電話で依頼を引き合わせ、1日当たり約6000件をマッチングさせている。その中でも、スピード求車の案件は最優先で手配する。全国1・3万社の輸送パートナーを抱え、つねに各社の状況を把握しているので、素早く車両を確保できるのだ。

希望どおりの対応が難しい場合も、「この金額まで運賃を上げれば決まります」「到着時間をずらせば受けられます」などと、日頃のマッチングのノウハウを基に、電話で具体的な提案を行っている。

荷主は普段荷物を送らない地域へ手配する場合、付き合いのない運送会社に依頼しなければならない。すると配送先までの往復の運賃を請求されるなど、高値の契約となるケースもあるという。

しかし、スピード求車は実際に走っている便に荷物を割り当てるため、そうした例は少ない。「結果として運賃が20～30％安くなることもある。安くするサービスとうたっているわけではないが、苦手な路線はわれわれに発注したほうが安いこともある」（モノフルのセールス＆マーケティング　ゼネラルマネージャー・武田優人氏）。

DXで多重下請けの問題を解消
—ラクスル・モノフルのサービス概要—

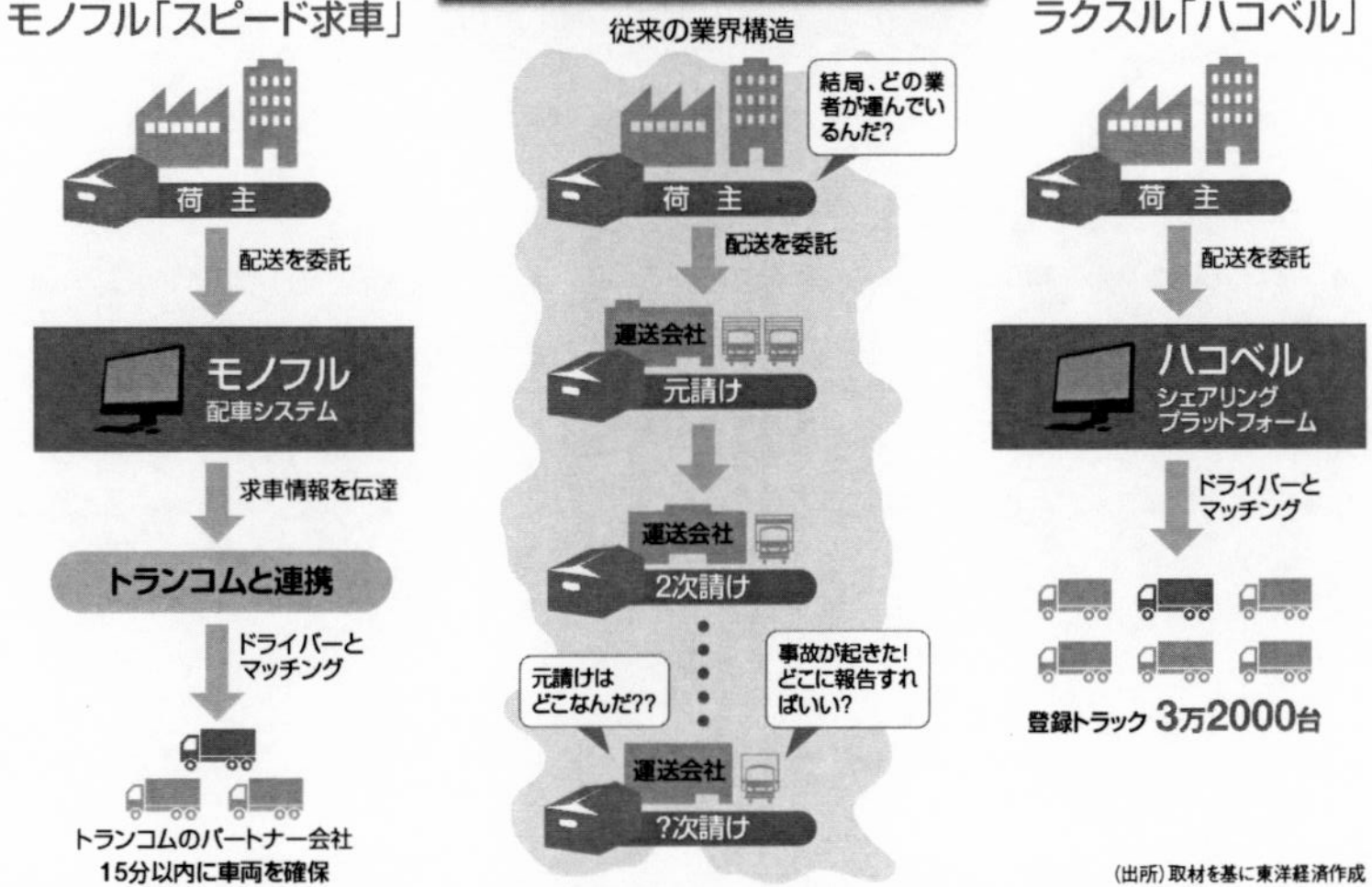

(出所)取材を基に東洋経済作成

ハコベルやスピード求車のような新興サービスは、運送会社の業務効率化や、多重下請け構造で発生する冒頭のような問題の解消に一役買いそうだ。ただ、業界の課題を根本から解決するハードルは高い。中小・零細が大半を占める物流業界では「原価を計算していないなど、そもそも〝経営〟できていない会社がある」(業界関係者)。

成長を続ける運送会社は損益分岐点を計算し、採算の合わない依頼は荷主と交渉して断ることもある。しかしそうした知識がないまま、下請けで運ぶことに特化するしかない状況の中で日々の業務に追われる会社は少なくないようだ。

ネットやスマホのツールを使いこなすにはドライバーのＩＴリテラシーも必要だ。デジタルシフトで業界が大きな変化を遂げるには、便利で簡単、低コストという一段と革新的なサービスが必要なのかもしれない。

(田邉佳介)

「ドライバーの負担を減らし、あらゆる荷物を運ぶ」

西濃運輸　社長・小寺康久

路線トラックで業界最大手の西濃運輸。迫り来る残業規制や人手不足にどう対応するのか。小寺康久社長を直撃した。

――**2年後にドライバーの時間外労働に上限が設定されます。**

当社には各事業所の周りで集荷・配達をする部隊と、事業所間で荷物を運ぶ部隊がある。前者については、2024年の基準に照らし合わせるとほぼクリアできている。問題は後者のような長距離の輸送を担うドライバーだ。

例えば、東京－大阪のルートなどについてはJR貨物のコンテナ輸送への切り替えが進んだ。残っている課題は、今日集荷して明日の午前中に何とか配送ができる距離、イメージでいうと600~700キロメートルぐらいの輸送だ。残業規制を踏まえると、この距離を1人のドライバーで対応するのは非常に難しい。

この点については、ドライバーに積み込みの作業をさせない、あるいはドライバーには荷降ろしをさせず、別の人に作業を代わってもらうしか手だてはない。

――その場合、人手の確保やコストの面で負担が大きくなりませんか。

降ろす作業ではある程度確保できると思うが、積むのは難しい。何でもかんでも荷物を押し込めばいいわけではない。配送ルートを考慮し、荷物の重さによって積み込む配置も変えなくてはいけない。それなりのスキルが必要だ。積み手の確保は、そのような仕事をしてきたOBに協力をいただき、総力戦で臨みたい。

コスト面では、社員ドライバーの残業が減り、その分をパート・アルバイトに回せば、大きな負担増にはならないとみている。お客様（荷主）にそれを負担していただくレベルにはなっていない。

──業界内では「運賃相場がそもそも安く、コストに見合っていない」という声も上がっています。

業界全体を見渡せば、他産業と比べて労働時間が長い割に、給与は安いとは思う。それを世間並みにするには、もう少し運賃が上がればいいのかなという気はする。ただ、ドライバーの定着という意味では、単に給与を上げればいいというわけではない。若いドライバーが退職する際に理由を聞くと、「給与が安い」というよりは、「労働時間が長い」というケースが圧倒的に多い。トータルとして考えていく必要がある。

──適正な運賃を実現するには、競合他社と差別化できる物流サービスが必要になります。

われわれは「この荷物は運びません」ということは言わない。トラックに載れば何でも運ぶ、というのが売りだ。昔はそういう荷物を安く運んでいたが、今ではそれなりに（運賃を）いただけている。

輸送前後の領域にも手を広げる。当社では今、倉庫を構えた拠点を増やしている。

単に保管するだけでなく、本来はお客様がやるべきピッキングなどの作業を請け負って、競合との差別化を図っている。

かつてのような運賃競争をしていては、物流業界が成り立たない。「プラスアルファで貢献できる部分」を積極的にアピールしていきたい。

（聞き手・又吉龍吾）

小寺康久（こてら・やすひさ）

1959年生まれ。82年西濃運輸入社。堺支店支店長などを経て、2010年に執行役員営業管理部部長、16年に専務取締役。17年に荷物の運送事業などを担うグループ会社、セイノースーパーエクスプレスの社長に就任。20年4月から現職。

「委託頼みではダメ！　このままでは担い手がいなくなる」

福山通運　社長・小丸成洋

2024年問題に際し、業界を挙げた取り組みが不可欠と強調するのは路線トラック大手・福山通運の小丸成洋社長だ。「このままでは業界にドライバーがいなくなる」と警鐘を鳴らす。

——残業規制にどう対応しますか。

ものすごい影響になる。大企業も中小も真剣に取り組まなければならない。運送会社は労働環境を改善しないと、ドライバーがいなくなってしまう。

例えば月に8回運行していたドライバーが7回に減る。長距離の運行も、以前は

１人で福岡から岐阜まで行けたが、おそらく行けなくなる。リレー形式でドライバーを交代させて運行したりする必要が出てくる。

通常の大型トラック約２台分の輸送が可能な「ダブル連結トラック」の拡大や、４本運行している専用貨物列車も活用する。当社は専任の役員を決めて、前倒しで対応していく。

――路線トラックは値上げするか、取り扱う荷物を見直すかという話も聞きます。

選択と集中になるだろう。顧客とよくコミュニケーションしなければならない。残業規制が適用されると、路線によって採算が厳しくなるものもある。すべての荷主に対して値上げするわけではないが、運賃の低い契約が約２割あり、この交渉が課題になる。２２年の年末にはだいぶ変わるだろう。そうでなければ２４年に間に合わない。それを原資にドライバーの賃金を上げたい。

――福山通運では、ドライバーの自社雇用を重視してきました。

自社ドライバーなら、普段は夜に動く人員を仕事量の変動に合わせて昼に回すこともできる。委託で固定してしまうと、閑散期やコロナ禍など不測の事態があったときでも、契約期間中のコストがかかってしまう。「傭車（ようしゃ）のほうが利益が出る」というわけではない。

われわれも以前、委託に逃げたことがあった。管理を丸投げできるから楽だが、知恵やノウハウなどの資産は残らなかった。

ドライバーの賃金は年間トータルでどれほどになるかが重要だ。運んだだけもらえる歩合給の魅力もあるが、ドライバーが将来の生活設計を立てられるような仕組みをつくらないといけない。

――物流業界は中小・零細が多く、対応が難しそうです。

自営業の創業者が多く、M＆Aが進まなかった。あまりにも零細企業が多く、労働環境が悪くなって取り残されてしまっている。運賃や原価の計算方法を教える場を設けるなど、業界全体を強くする必要がある。そのために業界団体の全日本トラック協会がある。
われわれも地域の零細企業と連携していく。多くのドライバーがトラック内で仮眠を取っているが、当社は各支店にビジネスホテル級の仮眠室がある。そうした設備も共有してやっていける。
業界を挙げて、安心・安全に働ける環境づくりを考えなければダメだ。これはきれい事ではない。怠けていたら、業界自体が落っこちてしまう。

（聞き手・田邉佳介）

小丸成洋（こまる・しげひろ）
1950年、広島県福山市生まれ。日本大学生産工学部卒業後、74年に福山通運入社。89年取締役、95年代表取締役。97年取締役社長就任。2008～11年にはＮＨＫ経営委員会委員長を務めた。

「過重労働を防ぐ仕組みが不可欠　EC向けで値下げはしていない」

ヤマトホールディングス　社長・長尾　裕

2024年問題で影響を受けるのは中小・零細企業だけではない。宅配便首位のヤマトホールディングスはどう対応するのか。長尾裕社長は、物流業界が抱える構造的な問題を変えていくべきだと指摘する。

——業界では、「残業規制によって物が運べなくなる」と懸念する声も上がっています。

正しい危機感を持ち、正しく理解することが大事だ。業界各社もまったく対応してこなかったわけではない。数年前より現場業務の効率化も進んでいるので、24年に突然運べなくなることはない。ただし、簡単ではないと思っている。

残業規制が２４年まで猶予されているのは、実態として労働時間が非常に長いということ。それ（長時間労働）を前提に給料も設計されている。

そこを定められた労働時間内に徐々に収めていく、というのが業界の共通認識だ。２４年に向けた問題というだけでなく、根本的には、業界の構造をどう変えていくかという問題だと思っている。

とくに大型トラックのドライバーが高齢化しているのは事実。業界に働き手が入ってくるためにも、スピードを上げて取り組まなければならない。

――規制適用により、ヤマトでは具体的にどんな影響がありますか。

当社はどちらかというと、（エンドユーザーに荷物を届ける）ラストワンマイルの会社だ。この数年間でそうとう投資を重ね、労働時間をドラスティックに削減してきた。セールスドライバーの働き方に関して、２４年問題で影響を受けることはないだろう。

いちばん大きいのは、幹線輸送（大型トラックによる、全国７０以上の物流ターミナル間をつなぐ輸送）を見直すことだ。

ラストワンマイル以外で毎日6000～8000台のトラックが走っており、その半分弱が幹線輸送だ。ラストワンマイルはかなり自前のネットワークになっているが、幹線輸送は自前が1割程度で、9割を協力会社が担っている。この点で大きく影響を受けると認識している。

幹線輸送の設計が本当に全体最適となっているのか、膨大なのでこれまでシミュレーションしづらかった。全社の最適解を考えたうえでようやく再設計に入っていけるかという段階だ。現在の走り方でよい区間と、そうではない区間に分かれてくるだろう。中継ポイントをつくって2台に分けて走るなど、今から走り方を変えていく。

ドライバーが走ることに集中できる環境をつくることも重要だ。休憩する場所、仮眠する場所にしても正直まだまだ問題がある。極力、配送先で泊まりにならず、自宅に帰れる運行を増やしたほうがいい。そうした差別化を進めることで「ヤマトの仕事ならやりたい」と思ってもらえるようにしたい。

荷主との条件交渉が必須

——荷主に対しては、アプローチをどう変えていきますか。

運賃は底を打ったが、足元ではいろいろなコストが上がっている。こうした状況下で、フレキシブルにコストを転嫁できるようになっていかないといけない。

大事なのは顧客のビジネスを理解して、経営課題に対してプラスの提案を行うこと。単純に運べばいいというものではない。荷物は何か理由があって動かしている。その前後の工程まで理解したうえで、どう運ぶか提案することだ。

価格にしても、単に値上げすればいいという短絡的な話ではない。さまざまな条件を組み込んで契約を結んでいく必要がある。

12月の繁忙期など、前提となる条件が変われば価格も変動する。そうしたことを荷主と交渉して、勝ち取っていかなければならない。その点、海外の物流会社は多様な課金項目をうまく盛り込んでいる。

――ただ一方で、ヤマトは昨年ヤフーのEC（ネット通販）向けにサイズ別配送料を全国一律化するなど、値下げをしてきたのでは？

それはプラットフォームの参加者が支払う送料の「見え方」で、誰がその差額を負担しているかは別の話になる。ヤマトが値下げしたわけではないということは何回も言ってきたとおりだ。いいかげん、そこは理解してほしい。

例えば（ヤマトとの連携による新たな配送サービスを昨年発表した）アマゾンについても「運賃を下げたのか」と言われるが、説明するのがばからしいくらいだ。売り場の参加者に対してアマゾン側が送料の仕組みの見せ方を変えたことが、なぜ「ヤマトが値下げした」という話につながるのか。

顧客と一緒に仕事をする中で協力することもあるが、顧客のためにわれわれがどんどん値下げして、採算に合わないものを提供するわけではない。それでは意味がない。どんな商売でもコストを抑えることは重要だが、それを物流業者にシワ寄せして実現しようとすると、誰もついてこなくなるだろう。

――多重下請け構造にある物流業界では、実際の働き手の管理のあり方も課題となります。ヤマトはどう対応していきますか。

どこまでの下請けを許容するかという問題だろう。われわれの幹線輸送を担う協力会社はすべて直接契約になっており、その下請けの会社が来ていることはない。

ただラストワンマイルでは、当社と契約している会社の下請けが来ることはありうる。それを際限なく認めるわけにはいかない。端末で管理するなど、個々の働き手とどうつながるかを考えている。

オンラインで請求や実績入力ができれば管理も透明になっていく。これまで、社員の仕事はすべて見える化を実行してきた。協力会社にも参画してもらえるような仕組みをつくっていきたい。

労働環境の改善は直接雇用のドライバーだけでなく、業務委託、協力会社だから考えなくていいという話ではない。ＫＰＩをつくり、過重な働き方にならないよう監視する仕組みが大事だ。こうした取り組みは、大手だけがやれば済むわけではない。業界全体としてどう対策を打つか、並行して考えていかなければならないだろう。

（聞き手・田邉佳介）

長尾　裕（ながお・ゆたか）

1965年生まれ。88年高崎経済大学卒業後、ヤマト運輸（現・ヤマトホールディングス）入社。2013年ヤマト運輸常務執行役員などを経て15年に同社代表取締役社長就任。17年ヤマトホールディングス取締役、19年4月から現職。

脱・多重下請け構造は必須

運賃値下げによる過当競争を終えるには、どうすればいいのか。この問いについて、ある業界幹部は「運送会社もちゃんとした経営ができるように変わらなければならない」と言い切る。

中小運送会社の経営者の多くは元ドライバーだ。社員ドライバーや個人ドライバーとして輸配送に携わり、仲間とともに運送会社を立ち上げた。だが、その中には経営下手な社長も多くいるようだ。

「どんぶり勘定で原価計算が甘いまま、赤字案件を受託する運送会社は少なくない。運送会社側で案件を選別し、運賃が不当に低いものを排除しないと、荷主や元請けによる買いたたきはなくならないだろう」（冒頭の業界幹部）

国土交通省によれば、貨物自動車運送事業者の54・6%は保有車両台数が10台以下の小規模事業者だ。「社長自らトラックを運転して案件をこなす運送会社も多い」(元長距離ドライバー)。

こうした小規模な実運送会社の多くは経営が苦しい。全日本トラック協会によれば、2020年度には車両10台以下の運送会社の62%が営業赤字に陥っていた。

物流業界は実運送会社や個人ドライバーにシワ寄せが行く「多重下請け」という構造問題を抱えてきた。小規模な実運送会社の苦境も多重下請け構造がもたらした結果といえる。冒頭の業界幹部も「荷主や元請けと直接取引していない中小運送会社は、そもそも運賃交渉ができない立場だ」と認める。

長年下請けとして仕事をしてきた中小運送会社にとって、荷主と直接取引するハードルは高い。関東の下請け運送会社のドライバーは「零細企業だから営業部隊がいない。だから下請けに甘んじている」と説明する。別の下請け運送会社と契約する個人ドライバーは「現場を管理してトラブルなどに対応してくれるので感謝しているが、元請けに言われるがままでは、末端にシワ寄せが来る。どうか現状を変えてほしい」と訴える。

環境変化に対応できるか

日本ロジスティクスシステム協会によれば、国内貨物総輸送量は20年の47・2億トンから減少し、30年に46億トンを下回る見通しだ。人口減少に伴い物流市場は縮小傾向にある。

都内の中小物流企業の経営者は「荷物の小口多頻度化が進んでおり、今までよりも多くの人手が必要だ。とくに小売り系の荷主との取引を拡大するうえで宅配は不可欠。企業間物流だけでの拡大は難しくなってきている」と話す。

一方、ドライバーからすれば稼ぐ方法は今やいくらでもある。

例えば、個人ドライバーと荷主を直接つなぐ「ピックゴー（PickGo）」は、ドライバーが自分の裁量で好きなときに働けるプラットフォームだ。登録ドライバー数は年々増えており、21年12月時点で3万人を超えている。

多重下請け構造から離脱できなければ、中小運送会社のドライバーもこうした自由に稼げるプラットフォームへと流出しかねない。

17年にヤマト運輸などの宅配大手3社は、人手不足による現場の逼迫を理由に急激な配送料の値上げを行った。こうした宅配クライシスを経て、荷主側の意識は徐々に変わってきている。

荷主の物流業務を一括受託する3PL（物流の一括受託）大手であるSBSホールディングスの鎌田正彦社長は「宅配クライシスで荷主は、大手3社に依存するリスクを痛感した。当社のような第三極に委託するケースが増えている」と語る。

実際、アマゾンの下請け運送会社の経営者は「以前は直接アプローチしても門前払いだった荷主が、宅配クライシス以降は、こちらの提案を聞いて真剣に検討してくれるようになった」と語る。

中間搾取を排除する動き

荷主側の変化を追い風に、宅配業界では多重下請け構造から離脱しようとする動きが、中小運送会社の間で出ている。

2017年に設立された、中小運送会社が加盟する次世代物流協会は、加盟社間の相互扶助に力を入れている。突発的な荷物量の増加で、自社だけでは対応しきれない案件を日々、お互いに紹介し合う。

このとき、案件を紹介した加盟社は手数料をいっさい抜き取ってはいけない決まりだ。多重下請け構造で多発した中間搾取をなくし、実運送会社が十分な利益を確保できるようにしている。

次世代物流協会の梶川（かじかわ）泰夫代表理事・会長は「仲間からの紹介で月に1000万円規模の案件を得ている会社もある。運送会社同士で横のつながりをつくり、助け合うことが重要だ」と話す。

中小運送会社が共同で案件を受託する動きも出始めている。18年に設立された、中小運送会社などが加盟するラストワンマイル協同組合は、配送をエリアごとの加盟会社がそれぞれ分担することでネットワークを広げている。

すでにアディダスやイケアのEC宅配を一部受託しており、22年1月からアイリスオーヤマとも取引を開始。1日に合計2万個程度の荷物を配送しており、首都圏だけでなく近畿圏や愛知県、福岡県などでも配送エリアを拡大中だ。

ラストワンマイル協同組合の志村直純理事長は「直接取引なので中間業者がおらず、配送料が宅配大手よりも3割ほど安いのも魅力的なのだろう。宅配大手以外に委託しようとする荷主が増えている印象だ」と自信を見せる。

ただ、荷主への直接営業は下請け運送会社にとってリスクと隣り合わせでもある。ある中小運送会社の幹部は「元請けの荷主に営業をかけるのは絶対にやってはいけないタブー」と声を震わせる。荷主に直接営業を行った運送会社が、従来の取引先であった宅配大手などとの契約を解除されてしまうケースは珍しくないようだ。

それでも運送会社は変わらないといけない。複数の業界幹部は「資金力のない中小運送会社の淘汰がこれから進むだろう」と口をそろえる。適正な運賃を確保しドライバーの待遇改善につなげるためにも、多重下請け構造から抜け出す勇気と覚悟が、今こそ運送会社に求められている。

（佃　陸生）

【週刊東洋経済】

本書は、東洋経済新報社『週刊東洋経済』2022年5月21日号より抜粋、加筆修正のうえ制作しています。この記事が完全収録された底本をはじめ、雑誌バックナンバーは小社ホームページからもお求めいただけます。

小社では、『週刊東洋経済eビジネス新書』シリーズをはじめ、このほかにも多数の電子書籍ラインナップをそろえております。ぜひストアにて「東洋経済」で検索してみてください。

『週刊東洋経済eビジネス新書』シリーズ

No.394　すごいベンチャー2021〔前編〕
No.395　すごいベンチャー2021〔後編〕
No.396　米国株　超入門
No.397　ビジネスと人権
No.398　無敵の話し方

No.399　ＥＶ　産業革命
No.400　実家のしまい方
No.401　みずほ　解けない呪縛
No.402　私大トップ校　次の戦略
No.403　ニッポン再生　７つの論点
No.404　マンション管理
No.405　学び直しの「近現代史」
No.406　電池　世界争奪戦
No.407　定年格差　シニアの働き方
No.408　今を語る１６の視点　２０２２
No.409　狙われる富裕層
No.410　ライフシフト超入門
No.411　企業価値の新常識
No.412　暗号資産＆ＮＦＴ

No.413　ゼネコン激動期
No.414　病院サバイバル
No.415　生保　最新事情
No.416　M&Aマフィア
No.417　工場が消える
No.418　経済超入門　2022
No.419　東証　沈没
No.420　テクノロジーの未来地図
No.421　年金の新常識
No.422　先を知るための読書案内
No.423　欧州動乱史

週刊東洋経済eビジネス新書　No.424

物流ドライバーが消える日

【本誌（底本）】

編集局　佃　陸生、田邉佳介、又吉龍吾、真城愛弓

デザイン　小林由依、池田　梢

進行管理　下村　恵

発行日　2022年5月21日

【電子版】

編集制作　塚田由紀夫、長谷川　隆

デザイン　市川和代

制作協力　丸井工文社

発行日　2023年5月18日　Ver.1

発行所　〒103-8345
東京都中央区日本橋本石町1-2-1
東洋経済新報社
電話　東洋経済カスタマーセンター
03（6386）1040
https://toyokeizai.net/
発行人　田北浩章
©Toyo Keizai, Inc., 2023

電子書籍化に際しては、仕様上の都合などにより適宜編集を加えています。登場人物に関する情報、価格、為替レートなどは、特に記載のない限り底本編集当時のものです。一部の漢字を簡易慣用字体やかなで表記している場合があります。本書は縦書きでレイアウトしています。ご覧になる機種により表示に差が生じることがあります。

本書に掲載している記事、写真、図表、データ等は、著作権法や不正競争防止法をはじめとする各種法律で保護されています。当社の許諾を得ることなく、本誌の全部または一部を、複製、翻案、公衆送信する等の利用はできません。

もしこれらに違反した場合、たとえそれが軽微な利用であったとしても、当社の利益を不当に害する行為として損害賠償その他の法的措置を講ずることがありますのでご注意ください。本誌の利用をご希望の場合は、事前に当社（TEL：03－6386－1040もしくは当社ホームページの「転載申請入力フォーム」）までお問い合わせください。

※本刊行物は、電子書籍版に基づいてプリントオンデマンド版として作成されたものです。